Vente du Samedi 4 Avril 1868

OBJETS D'ART

ET

DE CURIOSITÉ

Exposition publique le Vendredi 3 Avril 1868

Mᵉ CHARLES PILLET, | M. CH. MANNHEIM,
COMMISSAIRE-PRISEUR   EXPERT

1868

CATALOGUE

D'UNE JOLIE RÉUNION

D'OBJETS D'ART

ET DE CURIOSITÉ

Tabatières et Bonbonnières;
Bijoux anciens; Flambeaux en cristal de roche; Porcelaines de Chine;
Statuettes en ancienne porcelaine de Saxe; Miniatures; Bronzes d'ameublement;
Joli Secrétaire du temps de Louis XV, en laque garni de bronzes dorés;
Autres meubles et Cabinets en laque;
Régulateurs Louis XV; Tapisseries, Guipures, etc.;
TABLEAUX ANCIENS.

DONT LA VENTE AURA LIEU

HOTEL DROUOT, Salle N° 4

Le Samedi 4 Avril 1868

A DEUX HEURES.

Par le ministère de Mᵉ **CHARLES PILLET**, Commissaire-Priseur,
11, rue de Choiseul,

Assist de M. **CHARLES MANNHEIM**, Expert, 7, rue Saint-Georges,

Chez lesquels se distribue le présent Catalogue.

EXPOSITION PUBLIQUE

Le Vendredi 3 Avril 1868, de une heure à cinq heures

CONDITIONS DE LA VENTE.

Elle sera faite au comptant.

Les adjudicataires payeront *cinq pour cent* en sus des enchères.

L'exposition mettant le public à même de se rendre compte de
l'état des objets, il ne sera admis aucune réclamation une fois
l'adjudication prononcée.

Nota. — A partir du 15 avril prochain, l'étude de M° Charles
Pillet sera transférée de la rue de Choiseul, 11, à la rue
Grange-Batelière, 10.

207. — Paris. Imp. de Pillet fils aîné, rue des Grands-Augustins. 5.

DÉSIGNATION DES OBJETS

Bijoux

1 — Bonbonnière ovale en cristal de roche taillé à cuvette et diamantée à l'extérieur. Monture à gorge à charnière en or.

2 — Boîte de forme octogone en cristal de roche, doublée et garnie en argent doré. Époque Louis XIII.

3 — Boîte ronde en vernis de Martin, décorée de jeux d'enfants sur fond d'or et galonnée en or.

4 — Boîte ronde en écaille blonde, ornée d'une miniature sur ivoire, représentant un vase garni d'un bouquet de fleurs. Époque Louis XVI

5 — Boîte ronde en écaille garnie et galonnée en or. Le dessus est enrichi d'une miniature ovale sur ivoire. Enlèvement de Proserpine par Pluton. Époque Louis XVI.

6 — Grande boîte de forme contournée en argent. Le dessus

est formé d'une plaque de nacre sculptée représentant diverses scènes tirées de l'histoire de l'Enfant prodigue.

7 Deux boîtes rondes en vernis de Martin, ornées de miniatures sur ivoire, portraits d'homme et de femme. L'une d'elles est galonnée en or. Époque Louis XVI.

8 — Deux boîtes rondes, l'une d'elles en écaille est ornée d'un fixé représentant un paysage ; l'autre en vernis de Martin est ornée d'une miniature.

9 — Deux boîtes ovales en écaille posée d'or et garnies en argent.

10 — Deux boîtes : l'une de forme ronde en ivoire découpé à jour et médaillon sculpté ; l'autre formant boîte à mouches en poudre d'écaille rose posée d'or.

11 — Éventail en ivoire avec feuille finement peinte représentant une scène champêtre.

12 — Éventail en vernis de Martin.

13 — Quantité d'émaux peints : sujets religieux.

14 — Bonbonnière ronde en émail de Venise, montée et doublée en or. Le dessus est enrichi d'un rang de demiperles. Époque Louis XVI.

15 — Bonbonnière ronde galonnée d'or, ornée d'un bas-relief en cire, et fond imitant la malachite. Même époque.

16 — Grande médaille en argent du roi Louis XV, frappée à

l'occasion de la présentation des six corps de marchands
au Roy, à la Reine, etc., pour le rétablissement de la
santé du Roy, les 15 et 16 novembre 1744.

17 — Boîte carrée en émail de Saxe à ornements en relief, en
couleurs et or rapportés sur fond blanc.

18 — Deux pièces en émail de Saxe : petite boîte carrée et
cassolette en forme d'œuf.

19 — Étui en vernis dit de Martin, décoré de figures sur fond
d'or.

20 — Petit vase à couvercle à deux anses en cristal de roche.
— Travail chinois.

21 — Petite boîte de forme cintrée, en cristal de roche gravé, montée en argent gravé et doré.

22 — Deux éventails en vernis de Martin ; l'un d'eux représente un groupe de figures dans un paysage.

23 — Deux autres éventails ; l'un d'eux monté en acier est
orné d'une peinture sur soie.

24 — Trois petites coupes en agate ; l'une d'elles est montée
en argent gravé et doré.

25 — Deux pièces : petite coupe en cristal de roche et flacon
en verre agate monté en argent doré et turquoises.

26 — Gaîne en argent repoussé, à fleurs et ornements décou-

pés à jour, garnie d'un couteau et d'une fourchette à manches en argent, repercé à jour. Époque Louis XIII.

27 — Petit couvert à manches en filigrane d'argent.

28 — Deux couteaux, une fourchette et une cuiller; l'un des couteaux a un manche en agate.

29 — Deux pièces : petite gaîne en peau de requin, renfermant un couteau et une fourchette à manches en ambre, et étui de mathématiques en galuchat garni en argent. Les ustensiles manquent.

30 — Deux pièces : crochet de châtelaine monté en argent, et broche ornée d'une peinture sur émail, garnie en argent émaillé.

31 — Jolie boîte en filigrane d'argent de forme contournée. Travail oriental.

32 — Coupe en jade grisâtre, en forme de fruit, entourée de branchages et de dragons découpés à jour et pris dans la masse. Travail chinois.

33 — Boîte en forme d'animal couché, en pierre de lard. Le couvercle en ambre sculpté est garni en argent doré.

34 — Deux pièces : petit écran en forme d'éventail, en pierre de lard sculpté et découpé à jour et porte-allumettes de même matière.

35 — Deux salières en argent du temps de Louis XVI, à figures et ornements; modèle rare. Intérieur en verre bleu.

36 — Deux pièces : Boîte longue en bois sculpté et boîte
ronde en nacre, montée à charnière en or.

37 — Deux pièces : petite coupe en lapis et petite boîte ronde
en purpurine.

38 — Trois salières, dont deux en émail de Saxe et une en
verre bleu, montée en cuivre doré.

39 — Trois pièces : étui en vernis de Martin, flacon porcelaine, boîte ronde en verre.

40 — Éventail chinois avec monture en ivoire sculpté. Dans
un étui en laque.

41 — Deux médaillons en nacre de perle sculptée, montés en
argent.

42 - Deux autres médaillons ; l'un d'eux en cristal de roche
gravé en intaille, est monté en argent.

43 — Deux petits médaillons ovales, peints sur émail ; l'un
d'eux est entouré de marcassites.

44 — Presse-papier, formé d'une plaque d'acier, richement
damasquiné d'or et découpé à jour. Travail oriental.

45 — Deux flambeaux en cristal de roche, montés en cuivre
doré.

46 — Porte-crayon en or, renfermant une statuette de l'Em-
pereur Napoléon Ier.

Miniatures

47 — Deux grandes miniatures carrées sur ivoire : David, vainqueur de Goliath et Moïse sauvé des eaux.

48 — Miniature ronde sur ivoire : la tireuse de cartes.

49 — Grande miniature carrée sur ivoire : Vénus nue, couchée, d'après le Titien.

50 — Deux médaillons ronds, peints à l'huile : jeux d'enfants et groupe de figures dans un parc, dans la manière de Boucher.

51 — Miniature ronde sur ivoire dans la manière de Greuze · portrait de jeune fille.

52 — Deux miniatures ovales : portrait de la reine Marie-Antoinette et portrait de femme ; la première est montée en broche

53 — Trois miniatures : portraits d'hommes ; l'un d'eux du temps de Louis XIV.

54 — Miniature ovale sur ivoire : portrait de jeune garçon d'après Greuze.

55 — Quantité de miniatures à l'huile, qui seront vendues par lots.

56 — Tryptique, renfermant une peinture à l'huile : sainte
Madeleine.

Porcelaines

57 — Coupe ronde à couvercle en ancienne porcelaine de
Chine, décorée de fleurs et d'ornements en émaux de la
famille verte ; monture à anses, gorge et socle en bronze
doré.

58 — Petite boîte ovale, ouvrant à deux compartiments, en
ancienne porcelaine de Chine, décorée de fleurs en émaux
de la famille verte ; monture à charnières en cuivre doré.

59 — Service de table en ancienne porcelaine de Chine,
décoré de fleurs émaillées en couleurs. Il se compose
d'une soupière avec plateau, trois grands plats à pans, dix
plateaux, soixante assiettes et cinq petits plateaux ronds.

60 — Soixante-dix-sept assiettes et compotiers en ancienne
porcelaine de Chine ou de l'Inde, variés de décor.

61 — Soupière avec plateau et couvercle en ancienne porcelaine de Chine, décorée de fleurs émaillées en couleurs.

62 — Pot à eau en ancienne porcelaine de Chine, décoré de
fleurs en couleurs.

63 — Cafetière en ancienne porcelaine du Japon, à décor de
fleurs et d'ornements.

64 — Sucrier en porcelaine de Sèvres, pâte tendre, fond vert
et médaillon de fleurs.

65 — Deux vases en porcelaine moderne de la Chine.

66 — Quatre figurines en ancienne porcelaine de Saxe : les
saisons.

67 — Dix-huit figurines en ancienne porcelaine, représentant
des divinités de la fable. Ce lot pourra être divisé.

68 — Vide-poche, orné d'une statuette de femme en porcelaine de Berlin.

69 — Quatorze figurines, bustes, etc, en porcelaine de Saxe
qui seront vendus par lots.

70 — Plat rond en ancienne porcelaine de Chine, fond bleu
et décor d'or.

71 — Verres, carafes, et plateaux en verre de Bohême gravé
et doré. Ce lot sera divisé.

72 — Chope et verre, garnis en argent doré et pierreries.

73 — Deux cruches en porcelaine de Berlin, décorées à
l'imitation de grès de Flandre.

74 — Plat en ancienne porcelaine du Japon, monté sur un
pied en bois sculpté.

Bronzes

75 — Grande pendule du temps de Louis XVI, en bronze doré, ornée de deux figures et reposant sur un socle en marbre blanc.

76 — Deux candélabres de style Louis XVI composés de figures d'enfants debout, en bronze doré, portant des bouquets de lys et reposant sur des socles en marbre blanc.

77 — Deux chenets en bronze, formes de lions couchés sur des socles garnis de draperies. Époque Louis XVI.

78 — Deux flambeaux en bronze doré. Style Louis XIV.

79 — Petit lustre formé de douze branches de lys porte lumières en bronze doré.

80 — Petite lanterne bougeoir en bronze doré, à branchages garnis de fleurettes de porcelaine.

81 — Ecritoire en bronze doré, modèle rocaille, à godets et fleurettes de porcelaine.

82 — Bas-relief en bronze doré. La prédication de saint Jean.

83 — Deux boîtes de forme sphérique pour écritoire, en cuivre argenté.

Meubles

84 — Joli secrétaire de dame du temps de Louis XV en laque,
à figures et paysages dorés sur fond noir et garni de
bronzes dorés. Dessus en marbre d'Alep.

85 — Cabinet en ancien laque du Japon fermant à deux
portes, décoré de paysages et de fabriques en or en relief
sur fond noir. Il est garni de cuivre gravé et doré.

86 — Petit bureau à dos d'âne en laque noir et or.

87 — Très-petit cabinet, sur sa table-support en laque et fermant à deux portes.

88 — Cabinet fermant à deux portes en bois d'ébène, enrichi
d'incrustations d'ivoire gravé à figures et ornements.

89 — Petit cabinet à deux rangs de tiroirs incrustés d'ivoire,
de bois, de cuivre, etc. Travail portugais de style indien.

90 — Autre petit cabinet en marqueterie de bois à figures et
animaux dans des paysages. Travail espagnol.

91 — Commode en laque à deux rangs de tiroirs et garnie de
bronzes.

92 — Bureau plat du temps de Louis XV, en bois de placage
et garni de bronze.

93 — Cartonnier de mêmes style et travail.

94 — Ecritoire en laque avec plateau carré, garni de bronzes
dorés.

95 — Régulateur du temps de Louis XV, en bois de placcage
de forme élégante, garni de bronzes finement ciselés et
dorés. Mouvement de Duchesne, à Paris.

96 — Régulateur analogue à celui qui précède, mais moins
riche.

97 — Très-grand régulateur à caisse en bois sculpté à fleurs
et ornements. Mouvement à grande sonnerie et à ca-
rillon.

98 — Cabinet et sa table support en bois noir plaqué d'é-
caille, et enrichi de colonnettes et d'ornements dorés et
appliques en glace gravée.

Tapisseries

99 — Suite de cinq tapisseries représentant des ligures
mythologiques et des groupes de personnages dans les
paysages. Borduies à fleurs.

100 — Beau lot de guipures anciennes qui seront vendues
séparément.

101 — Joli petit tapis persan.

102 — Châle indien brodé en soie.

103 — Gilet Louis XVI en soie blanche brodée.

TABLEAUX

104 — L'Albane (École de). — Sainte Famille.

105 — Boucher. — Têtes de Chérubins. Dessin rehaussé.

106 — Boucher (attribué à). — Flore et Zéphir.

107 — Breughel (attribué à P.). — Groupe de deux figures :
Joueurs de musette.

108 — Cuyp (dans la manière de A.). — Deux tableaux sur
bois. — Portraits d'homme et de femme debout dans un
paysage.

109 — Cuyp (d'après A.). — La Promenade.

110 — Demachy. — Monuments et ruines.

111 — Duvieux. — Vue de Venise.

112 — Du même. — Vue de la place Saint-Marc à Venise.

113 — École française. — Deux sujets religieux. — Dans

des cadres octogones en bois noir avec appliques en bronze
doré, xviie siècle.

114 — ÉCOLE GOTHIQUE. — Tryptique sur fond d'or. — Le
tableau central représente la Vierge et l'enfant Jésus; le
volet gauche, saint Michel terrassant le démon ; et le **volet**
droit, le Christ en croix.

115 — ÉCOLE ITALIENNE. — Le Père éternel **assis** sur des
nuages et entouré de quantité de figures.

116 — MÊME ÉCOLE. — Trois peintures sur marbre. — Vues
de Venise.

117 — INCONNU. — Le château de Chambord.

118 — INCONNU. — Paysage et ruines.

119 — INCONNU. — Vase de fleurs.

120 — INCONNU. — Saint personnage debout.

121 — KOBELL. — Paysage et animaux.

122 — LÉPICIÉ. 1772 — Appollon assis, tenant une lyre et
une couronne de lauriers.

123 — LÉPICIÉ (attribué à). — Deux portraits : jeune garçon
et jeune fille.

124 — LUCATELLI. — Deux sujets mythologiques. — Dans
des cadres italiens en bois sculpté et doré.

125 — MIÉRIS (d'après F. Van). — Le Concert, groupe de
cinq figures.

126 — Le même (d'après). — La cuisinière.

127 — Mignard. — Portrait de femme en riche costume. Ovale sur toile.

128 — Nettscher (attribué à). — Deux petits tableaux sur cuivre : portraits d'homme et de femme.

129 — Du même (école). — Enfant assis, jouant avec un chien. Sur bois.

130 — Lepers (Bonnaventure). — Deux marines. — Combats.

131 — Primatice (attribué au). — Vénus et deux Amours. — Dans un cadre riche en bois sculpté et doré.

132 — Snayers (attribué à). — La Conversion de saint Paul.

133 — Solimène. — Sujet allégorique.

134 — Terburg (d'après). — La Remontrance paternelle; composition de trois figures.

135 — Téniers (d'après). — Fumeur et Paysan.

136 — Tournières. — Portrait de femme.

137 — Verkolie. — Le Concert; groupe de deux figures.

138 — Wett. — Jeune femme, tenant un pot de bière et une pipe.